This book belongs to:

_____

Date _____ Start time _____ End time _____

Course Name *Roy's camper*

Weather	Temp
Handicap	Par
Tees	Yardage
Players	

Front 9							
Holes	Par	Drive	Fairway	Putts	Hazard	Yardage	Strokes
1							6
2							3
3							
4							
5							
6							
7							
8							
9							
Total							
Back 9							
10							
11							
12							
13							
14							
15							
16							
17							
18							
Total							
Grand Total							

Albatross	Eagles	Birdies	Pars	Bogeys	Doubles	Triples

Notes

Date _____ Start time _____ End time _____

Course Name _____

Weather _____ Temp _____

Handicap _____ Par _____

Tees _____ Yardage _____

Players _____

Front 9							
Holes	Par	Drive	Fairway	Putts	Hazard	Yardage	Strokes
1							
2							
3							
4							
5							
6							
7							
8							
9							
Total							
Back 9							
10							
11							
12							
13							
14							
15							
16							
17							
18							
Total							
Grand Total							

Albatross	Eagles	Birdies	Pars	Bogeys	Doubles	Triples

Notes

Date _____ Start time _____ End time _____

Course Name _____

Weather _____ Temp _____

Handicap _____ Par _____

Tees _____ Yardage _____

Players _____

			Front 9				
Holes	Par	Drive	Fairway	Putts	Hazard	Yardage	Strokes
1							
2							
3							
4							
5							
6							
7							
8							
9							
Total							
			Back 9				
10							
11							
12							
13							
14							
15							
16							
17							
18							
Total							
Grand Total							

Albatross	Eagles	Birdies	Pars	Bogeys	Doubles	Triples

Notes

Date _____ Start time _____ End time _____

Course Name _____

Weather		Temp	

Handicap		Par	

Tees		Yardage	

Players _____

Front 9

Holes	Par	Drive	Fairway	Putts	Hazard	Yardage	Strokes
1							
2							
3							
4							
5							
6							
7							
8							
9							
Total							

Back 9

Holes	Par	Drive	Fairway	Putts	Hazard	Yardage	Strokes
10							
11							
12							
13							
14							
15							
16							
17							
18							
Total							
Grand Total							

Albatross	Eagles	Birdies	Pars	Bogeys	Doubles	Triples

Notes

Date _____ Start time _____ End time _____

Course Name _____

Weather _____ Temp _____

Handicap _____ Par _____

Tees _____ Yardage _____

Players _____

				Front 9			
Holes	Par	Drive	Fairway	Putts	Hazard	Yardage	Strokes
1							
2							
3							
4							
5							
6							
7							
8							
9							
Total							
				Back 9			
10							
11							
12							
13							
14							
15							
16							
17							
18							
Total							
Grand Total							

Albatross	Eagles	Birdies	Pars	Bogeys	Doubles	Triples

Notes

Date _____ Start time _____ End time _____

Course Name _____

Weather _____ Temp _____

Handicap _____ Par _____

Tees _____ Yardage _____

Players _____

Front 9							
Holes	Par	Drive	Fairway	Putts	Hazard	Yardage	Strokes
1							
2							
3							
4							
5							
6							
7							
8							
9							
Total							
Back 9							
10							
11							
12							
13							
14							
15							
16							
17							
18							
Total							
Grand Total							

	Albatross	Eagles	Birdies	Pars	Bogeys	Doubles	Triples

Notes

Date _____ Start time _____ End time _____

Course Name _____

Weather		Temp	

Handicap _____ Par _____

Tees _____ Yardage _____

Players _____

Front 9							
Holes	Par	Drive	Fairway	Putts	Hazard	Yardage	Strokes
1							
2							
3							
4							
5							
6							
7							
8							
9							
Total							
Back 9							
10							
11							
12							
13							
14							
15							
16							
17							
18							
Total							
Grand Total							

Albatross	Eagles	Birdies	Pars	Bogeys	Doubles	Triples

Notes

Date _____ Start time _____ End time _____

Course Name _____

Weather _____ Temp _____

Handicap _____ Par _____

Tees _____ Yardage _____

Players _____

Front 9							
Holes	Par	Drive	Fairway	Putts	Hazard	Yardage	Strokes
1							
2							
3							
4							
5							
6							
7							
8							
9							
Total							
Back 9							
10							
11							
12							
13							
14							
15							
16							
17							
18							
Total							
Grand Total							

Albatross	Eagles	Birdies	Pars	Bogeys	Doubles	Triples

Date _____ Start time _____ End time _____

Course Name _____

Weather _____ Temp _____

Handicap _____ Par _____

Tees _____ Yardage _____

Players _____

Front 9							
Holes	Par	Drive	Fairway	Putts	Hazard	Yardage	Strokes
1							
2							
3							
4							
5							
6							
7							
8							
9							
Total							
Back 9							
10							
11							
12							
13							
14							
15							
16							
17							
18							
Total							
Grand Total							

Albatross	Eagles	Birdies	Pars	Bogeys	Doubles	Triples

Notes

Date _____ Start time _____ End time _____

Course Name _____

Weather _____ Temp _____

Handicap _____ Par _____

Tees _____ Yardage _____

Players _____

Front 9							
Holes	Par	Drive	Fairway	Putts	Hazard	Yardage	Strokes
1							
2							
3							
4							
5							
6							
7							
8							
9							
Total							
Back 9							
10							
11							
12							
13							
14							
15							
16							
17							
18							
Total							
Grand Total							

Albatross	Eagles	Birdies	Pars	Bogeys	Doubles	Triples

Notes

Date _____ Start time _____ End time _____

Course Name _____

Weather		Temp	
Handicap		Par	
Tees		Yardage	
Players			

Front 9							
Holes	Par	Drive	Fairway	Putts	Hazard	Yardage	Strokes
1							
2							
3							
4							
5							
6							
7							
8							
9							
Total							
Back 9							
10							
11							
12							
13							
14							
15							
16							
17							
18							
Total							
Grand Total							

Albatross	Eagles	Birdies	Pars	Bogeys	Doubles	Triples

Notes

Date _____ Start time _____ End time _____

Course Name _____

Weather _____ Temp _____

Handicap _____ Par _____

Tees _____ Yardage _____

Players _____

Front 9							
Holes	Par	Drive	Fairway	Putts	Hazard	Yardage	Strokes
1							
2							
3							
4							
5							
6							
7							
8							
9							
Total							
Back 9							
10							
11							
12							
13							
14							
15							
16							
17							
18							
Total							
Grand Total							

Albatross	Eagles	Birdies	Pars	Bogeys	Doubles	Triples

Notes

Date _____ Start time _____ End time _____

Course Name _____

Weather _____ Temp _____

Handicap _____ Par _____

Tees _____ Yardage _____

Players _____

Front 9

Holes	Par	Drive	Fairway	Putts	Hazard	Yardage	Strokes
1							
2							
3							
4							
5							
6							
7							
8							
9							
Total							

Back 9

Holes	Par	Drive	Fairway	Putts	Hazard	Yardage	Strokes
10							
11							
12							
13							
14							
15							
16							
17							
18							
Total							
Grand Total							

Albatross	Eagles	Birdies	Pars	Bogeys	Doubles	Triples

Notes

Date _____ Start time _____ End time _____

Course Name _____

Weather _____ Temp _____

Handicap _____ Par _____

Tees _____ Yardage _____

Players _____

Front 9							
Holes	Par	Drive	Fairway	Putts	Hazard	Yardage	Strokes
1							
2							
3							
4							
5							
6							
7							
8							
9							
Total							
Back 9							
10							
11							
12							
13							
14							
15							
16							
17							
18							
Total							
Grand Total							

Albatross	Eagles	Birdies	Pars	Bogeys	Doubles	Triples

Notes

Date _____ Start time _____ End time _____

Course Name _____

Weather _____ Temp _____

Handicap _____ Par _____

Tees _____ Yardage _____

Players _____

Front 9							
Holes	Par	Drive	Fairway	Putts	Hazard	Yardage	Strokes
1							
2							
3							
4							
5							
6							
7							
8							
9							
Total							
Back 9							
10							
11							
12							
13							
14							
15							
16							
17							
18							
Total							
Grand Total							

Albatross	Eagles	Birdies	Pars	Bogeys	Doubles	Triples

Notes

Date _____ Start time _____ End time _____

Course Name _____

Weather _____ Temp _____

Handicap _____ Par _____

Tees _____ Yardage _____

Players _____

Front 9							
Holes	Par	Drive	Fairway	Putts	Hazard	Yardage	Strokes
1							
2							
3							
4							
5							
6							
7							
8							
9							
Total							
Back 9							
10							
11							
12							
13							
14							
15							
16							
17							
18							
Total							
Grand Total							

Albatross	Eagles	Birdies	Pars	Bogeys	Doubles	Triples

Notes

Date _____ Start time _____ End time _____

Course Name _____

Weather _____ Temp _____

Handicap _____ Par _____

Tees _____ Yardage _____

Players _____

			Front 9				
Holes	Par	Drive	Fairway	Putts	Hazard	Yardage	Strokes
1							
2							
3							
4							
5							
6							
7							
8							
9							
Total							
			Back 9				
10							
11							
12							
13							
14							
15							
16							
17							
18							
Total							
Grand Total							

Albatross	Eagles	Birdies	Pars	Bogeys	Doubles	Triples

Notes

Date _____ Start time _____ End time _____

Course Name _____

Weather _____ Temp _____

Handicap _____ Par _____

Tees _____ Yardage _____

Players _____

Front 9							
Holes	Par	Drive	Fairway	Putts	Hazard	Yardage	Strokes
1							
2							
3							
4							
5							
6							
7							
8							
9							
Total							
Back 9							
10							
11							
12							
13							
14							
15							
16							
17							
18							
Total							
Grand Total							

Albatross	Eagles	Birdies	Pars	Bogeys	Doubles	Triples

Notes

Date _____ Start time _____ End time _____

Course Name _____

Weather _____ Temp _____

Handicap _____ Par _____

Tees _____ Yardage _____

Players _____

Front 9

Holes	Par	Drive	Fairway	Putts	Hazard	Yardage	Strokes
1							
2							
3							
4							
5							
6							
7							
8							
9							
Total							

Back 9

10							
11							
12							
13							
14							
15							
16							
17							
18							
Total							
Grand Total							

Albatross	Eagles	Birdies	Pars	Bogeys	Doubles	Triples

Notes

Date _____ Start time _____ End time _____

Course Name _____

Weather _____ Temp _____

Handicap _____ Par _____

Tees _____ Yardage _____

Players _____

Front 9							
Holes	Par	Drive	Fairway	Putts	Hazard	Yardage	Strokes
1							
2							
3							
4							
5							
6							
7							
8							
9							
Total							
Back 9							
10							
11							
12							
13							
14							
15							
16							
17							
18							
Total							
Grand Total							

Albatross	Eagles	Birdies	Pars	Bogeys	Doubles	Triples

Notes

Date _____ Start time _____ End time _____

Course Name

Weather   Temp

Handicap   Par

Tees   Yardage

Players

Front 9							
Holes	Par	Drive	Fairway	Putts	Hazard	Yardage	Strokes
1							
2							
3							
4							
5							
6							
7							
8							
9							
Total							
Back 9							
10							
11							
12							
13							
14							
15							
16							
17							
18							
Total							
Grand Total							

Albatross	Eagles	Birdies	Pars	Bogeys	Doubles	Triples

Notes

Date _____ Start time _____ End time _____

Course Name _____

Weather _____ Temp _____

Handicap _____ Par _____

Tees _____ Yardage _____

Players _____

Front 9							
Holes	Par	Drive	Fairway	Putts	Hazard	Yardage	Strokes
1							
2							
3							
4							
5							
6							
7							
8							
9							
Total							
Back 9							
10							
11							
12							
13							
14							
15							
16							
17							
18							
Total							
Grand Total							

Albatross	Eagles	Birdies	Pars	Bogeys	Doubles	Triples

Notes

Date _____ Start time _____ End time _____

Course Name _____

Weather _____ Temp _____

Handicap _____ Par _____

Tees _____ Yardage _____

Players _____

				Front 9			
Holes	Par	Drive	Fairway	Putts	Hazard	Yardage	Strokes
1							
2							
3							
4							
5							
6							
7							
8							
9							
Total							
				Back 9			
10							
11							
12							
13							
14							
15							
16							
17							
18							
Total							
Grand Total							

Albatross	Eagles	Birdies	Pars	Bogeys	Doubles	Triples

Notes

Date _____ Start time _____ End time _____

Course Name _____

Weather _____ Temp _____

Handicap _____ Par _____

Tees _____ Yardage _____

Players _____

Front 9							
Holes	Par	Drive	Fairway	Putts	Hazard	Yardage	Strokes
1							
2							
3							
4							
5							
6							
7							
8							
9							
Total							
Back 9							
10							
11							
12							
13							
14							
15							
16							
17							
18							
Total							
Grand Total							

	Albatross	Eagles	Birdies	Pars	Bogeys	Doubles	Triples

Notes

Date _____ Start time _____ End time _____

Course Name _____

Weather _____ Temp _____

Handicap _____ Par _____

Tees _____ Yardage _____

Players _____

Front 9							
Holes	Par	Drive	Fairway	Putts	Hazard	Yardage	Strokes
1							
2							
3							
4							
5							
6							
7							
8							
9							
Total							
Back 9							
10							
11							
12							
13							
14							
15							
16							
17							
18							
Total							
Grand Total							

Albatross	Eagles	Birdies	Pars	Bogeys	Doubles	Triples

Notes

Date _____ Start time _____ End time _____

Course Name _____

Weather		Temp	

Handicap _____ Par _____

Tees _____ Yardage _____

Players _____

Front 9

Holes	Par	Drive	Fairway	Putts	Hazard	Yardage	Strokes
1							
2							
3							
4							
5							
6							
7							
8							
9							
Total							

Back 9

Holes	Par	Drive	Fairway	Putts	Hazard	Yardage	Strokes
10							
11							
12							
13							
14							
15							
16							
17							
18							
Total							
Grand Total							

Albatross	Eagles	Birdies	Pars	Bogeys	Doubles	Triples

Notes

Date _____ Start time _____ End time _____

Course Name _____

Weather _____ Temp _____

Handicap _____ Par _____

Tees _____ Yardage _____

Players _____

				Front 9			
Holes	Par	Drive	Fairway	Putts	Hazard	Yardage	Strokes
1							
2							
3							
4							
5							
6							
7							
8							
9							
Total							
				Back 9			
10							
11							
12							
13							
14							
15							
16							
17							
18							
Total							
Grand Total							

Albatross	Eagles	Birdies	Pars	Bogeys	Doubles	Triples

Notes

Date _____ Start time _____ End time _____

Course Name

Weather   Temp

Handicap   Par

Tees   Yardage

Players

Front 9							
Holes	Par	Drive	Fairway	Putts	Hazard	Yardage	Strokes
1							
2							
3							
4							
5							
6							
7							
8							
9							
Total							
Back 9							
10							
11							
12							
13							
14							
15							
16							
17							
18							
Total							
Grand Total							

Albatross	Eagles	Birdies	Pars	Bogeys	Doubles	Triples

Date _____ Start time _____ End time _____

Course Name _____

Weather _____ Temp _____

Handicap _____ Par _____

Tees _____ Yardage _____

Players _____

Front 9							
Holes	Par	Drive	Fairway	Putts	Hazard	Yardage	Strokes
1							
2							
3							
4							
5							
6							
7							
8							
9							
Total							
Back 9							
10							
11							
12							
13							
14							
15							
16							
17							
18							
Total							
Grand Total							

Albatross	Eagles	Birdies	Pars	Bogeys	Doubles	Triples

Notes

Date _____ Start time _____ End time _____

Course Name _____

Weather _____ Temp _____

Handicap _____ Par _____

Tees _____ Yardage _____

Players _____

Front 9							
Holes	Par	Drive	Fairway	Putts	Hazard	Yardage	Strokes
1							
2							
3							
4							
5							
6							
7							
8							
9							
Total							
Back 9							
10							
11							
12							
13							
14							
15							
16							
17							
18							
Total							
Grand Total							

Albatross	Eagles	Birdies	Pars	Bogeys	Doubles	Triples

Date _____ Start time _____ End time _____

Course Name _____

Weather	Temp	
Handicap	Par	
Tees	Yardage	
Players		

Front 9

Holes	Par	Drive	Fairway	Putts	Hazard	Yardage	Strokes
1							
2							
3							
4							
5							
6							
7							
8							
9							
Total							

Back 9

	Par	Drive	Fairway	Putts	Hazard	Yardage	Strokes
10							
11							
12							
13							
14							
15							
16							
17							
18							
Total							
Grand Total							

Albatross	Eagles	Birdies	Pars	Bogeys	Doubles	Triples

Date _____ Start time _____ End time _____

Course Name _____

Weather _____ Temp _____

Handicap _____ Par _____

Tees _____ Yardage _____

Players _____

Front 9							
Holes	Par	Drive	Fairway	Putts	Hazard	Yardage	Strokes
1							
2							
3							
4							
5							
6							
7							
8							
9							
Total							
Back 9							
10							
11							
12							
13							
14							
15							
16							
17							
18							
Total							
Grand Total							

Albatross	Eagles	Birdies	Pars	Bogeys	Doubles	Triples

Notes

Date _____ Start time _____ End time _____

Course Name _____

Weather _____ Temp _____

Handicap _____ Par _____

Tees _____ Yardage _____

Players _____

				Front 9			
Holes	Par	Drive	Fairway	Putts	Hazard	Yardage	Strokes
1							
2							
3							
4							
5							
6							
7							
8							
9							
Total							
				Back 9			
10							
11							
12							
13							
14							
15							
16							
17							
18							
Total							
Grand Total							

Albatross	Eagles	Birdies	Pars	Bogeys	Doubles	Triples

Date _____ Start time _____ End time _____

Course Name _____

Weather _____ Temp _____

Handicap _____ Par _____

Tees _____ Yardage _____

Players _____

Front 9							
Holes	Par	Drive	Fairway	Putts	Hazard	Yardage	Strokes
1							
2							
3							
4							
5							
6							
7							
8							
9							
Total							
Back 9							
10							
11							
12							
13							
14							
15							
16							
17							
18							
Total							
Grand Total							

Albatross	Eagles	Birdies	Pars	Bogeys	Doubles	Triples

Date _____ Start time _____ End time _____

Course Name _____

Weather _____ Temp _____

Handicap _____ Par _____

Tees _____ Yardage _____

Players _____

Front 9							
Holes	Par	Drive	Fairway	Putts	Hazard	Yardage	Strokes
1							
2							
3							
4							
5							
6							
7							
8							
9							
Total							
Back 9							
10							
11							
12							
13							
14							
15							
16							
17							
18							
Total							
Grand Total							

Albatross	Eagles	Birdies	Pars	Bogeys	Doubles	Triples

Notes

Date _____ Start time _____ End time _____

Course Name _____

| Weather | | Temp | |
Handicap | | Par | |
Tees | | Yardage | |
Players | | | |

Front 9

Holes	Par	Drive	Fairway	Putts	Hazard	Yardage	Strokes
1							
2							
3							
4							
5							
6							
7							
8							
9							
Total							

Back 9

Holes	Par	Drive	Fairway	Putts	Hazard	Yardage	Strokes
10							
11							
12							
13							
14							
15							
16							
17							
18							
Total							
Grand Total							

Albatross	Eagles	Birdies	Pars	Bogeys	Doubles	Triples

Notes

Date _____ Start time _____ End time _____

Course Name _____

Weather _____ Temp _____

Handicap _____ Par _____

Tees _____ Yardage _____

Players _____

Front 9							
Holes	Par	Drive	Fairway	Putts	Hazard	Yardage	Strokes
1							
2							
3							
4							
5							
6							
7							
8							
9							
Total							
Back 9							
10							
11							
12							
13							
14							
15							
16							
17							
18							
Total							
Grand Total							

Albatross	Eagles	Birdies	Pars	Bogeys	Doubles	Triples

Notes

Date _____ Start time _____ End time _____

Course Name _____

Weather _____ Temp _____

Handicap _____ Par _____

Tees _____ Yardage _____

Players _____

				Front 9			
Holes	Par	Drive	Fairway	Putts	Hazard	Yardage	Strokes
1							
2							
3							
4							
5							
6							
7							
8							
9							
Total							
				Back 9			
10							
11							
12							
13							
14							
15							
16							
17							
18							
Total							
Grand Total							

Albatross	Eagles	Birdies	Pars	Bogeys	Doubles	Triples

Date _____ Start time _____ End time _____

Course Name _____

Weather _____ Temp _____

Handicap _____ Par _____

Tees _____ Yardage _____

Players _____

Front 9							
Holes	Par	Drive	Fairway	Putts	Hazard	Yardage	Strokes
1							
2							
3							
4							
5							
6							
7							
8							
9							
Total							
Back 9							
10							
11							
12							
13							
14							
15							
16							
17							
18							
Total							
Grand Total							

Albatross	Eagles	Birdies	Pars	Bogeys	Doubles	Triples

Date _____ Start time _____ End time _____

Course Name _____

Weather _____ Temp _____

Handicap _____ Par _____

Tees _____ Yardage _____

Players _____

Front 9

Holes	Par	Drive	Fairway	Putts	Hazard	Yardage	Strokes
1							
2							
3							
4							
5							
6							
7							
8							
9							
Total							

Back 9

Holes	Par	Drive	Fairway	Putts	Hazard	Yardage	Strokes
10							
11							
12							
13							
14							
15							
16							
17							
18							
Total							
Grand Total							

Albatross	Eagles	Birdies	Pars	Bogeys	Doubles	Triples

Notes

Date _____ Start time _____ End time _____

Course Name _____

Weather _____ Temp _____

Handicap _____ Par _____

Tees _____ Yardage _____

Players _____

Front 9							
Holes	Par	Drive	Fairway	Putts	Hazard	Yardage	Strokes
1							
2							
3							
4							
5							
6							
7							
8							
9							
Total							
Back 9							
10							
11							
12							
13							
14							
15							
16							
17							
18							
Total							
Grand Total							

Albatross	Eagles	Birdies	Pars	Bogeys	Doubles	Triples

Date _____ Start time _____ End time _____

Course Name
Weather   Temp
Handicap   Par
Tees   Yardage
Players

Front 9							
Holes	Par	Drive	Fairway	Putts	Hazard	Yardage	Strokes
1							
2							
3							
4							
5							
6							
7							
8							
9							
Total							
Back 9							
10							
11							
12							
13							
14							
15							
16							
17							
18							
Total							
Grand Total							

Albatross	Eagles	Birdies	Pars	Bogeys	Doubles	Triples

Notes

Date _____ Start time _____ End time _____

Course Name _____

Weather _____ Temp _____

Handicap _____ Par _____

Tees _____ Yardage _____

Players _____

			Front 9				
Holes	Par	Drive	Fairway	Putts	Hazard	Yardage	Strokes
1							
2							
3							
4							
5							
6							
7							
8							
9							
Total							
			Back 9				
10							
11							
12							
13							
14							
15							
16							
17							
18							
Total							
Grand Total							

Albatross	Eagles	Birdies	Pars	Bogeys	Doubles	Triples

Notes

Date _____ Start time _____ End time _____

Course Name _____

Weather		Temp	
Handicap		Par	
Tees		Yardage	
Players			

Front 9

Holes	Par	Drive	Fairway	Putts	Hazard	Yardage	Strokes
1							
2							
3							
4							
5							
6							
7							
8							
9							
Total							

Back 9

10							
11							
12							
13							
14							
15							
16							
17							
18							
Total							
Grand Total							

Albatross	Eagles	Birdies	Pars	Bogeys	Doubles	Triples

Notes

Date _____ Start time _____ End time _____

Course Name _____

Weather _____ Temp _____

Handicap _____ Par _____

Tees _____ Yardage _____

Players _____

Front 9							
Holes	Par	Drive	Fairway	Putts	Hazard	Yardage	Strokes
1							
2							
3							
4							
5							
6							
7							
8							
9							
Total							
Back 9							
10							
11							
12							
13							
14							
15							
16							
17							
18							
Total							
Grand Total							

Albatross	Eagles	Birdies	Pars	Bogeys	Doubles	Triples

Date _____ Start time _____ End time _____

Course Name _____

Weather _____ Temp _____

Handicap _____ Par _____

Tees _____ Yardage _____

Players _____

Front 9							
Holes	Par	Drive	Fairway	Putts	Hazard	Yardage	Strokes
1							
2							
3							
4							
5							
6							
7							
8							
9							
Total							
Back 9							
10							
11							
12							
13							
14							
15							
16							
17							
18							
Total							
Grand Total							

Albatross	Eagles	Birdies	Pars	Bogeys	Doubles	Triples

Date _____ Start time _____ End time _____

Course Name

Weather   Temp

Handicap   Par

Tees   Yardage

Players

				Front 9			
Holes	Par	Drive	Fairway	Putts	Hazard	Yardage	Strokes
1							
2							
3							
4							
5							
6							
7							
8							
9							
Total							
				Back 9			
10							
11							
12							
13							
14							
15							
16							
17							
18							
Total							
Grand Total							

Albatross	Eagles	Birdies	Pars	Bogeys	Doubles	Triples

Date _____ Start time _____ End time _____

Course Name _____

Weather		Temp	

Handicap _____ Par _____

Tees _____ Yardage _____

Players _____

Front 9							
Holes	Par	Drive	Fairway	Putts	Hazard	Yardage	Strokes
1							
2							
3							
4							
5							
6							
7							
8							
9							
Total							
Back 9							
10							
11							
12							
13							
14							
15							
16							
17							
18							
Total							
Grand Total							

Albatross	Eagles	Birdies	Pars	Bogeys	Doubles	Triples

Notes

Date _____ Start time _____ End time _____

Course Name _____

Weather			Temp		
Handicap			Par		
Tees			Yardage		
Players					

Front 9

Holes	Par	Drive	Fairway	Putts	Hazard	Yardage	Strokes
1							
2							
3							
4							
5							
6							
7							
8							
9							
Total							

Back 9

Holes	Par	Drive	Fairway	Putts	Hazard	Yardage	Strokes
10							
11							
12							
13							
14							
15							
16							
17							
18							
Total							
Grand Total							

Albatross	Eagles	Birdies	Pars	Bogeys	Doubles	Triples

Date _____ Start time _____ End time _____

Course Name

Weather   Temp

Handicap   Par

Tees   Yardage

Players

Front 9							
Holes	Par	Drive	Fairway	Putts	Hazard	Yardage	Strokes
1							
2							
3							
4							
5							
6							
7							
8							
9							
Total							
Back 9							
10							
11							
12							
13							
14							
15							
16							
17							
18							
Total							
Grand Total							

Albatross	Eagles	Birdies	Pars	Bogeys	Doubles	Triples

Notes

Date _____ Start time _____ End time _____

Course Name	
Weather	Temp
Handicap	Par
Tees	Yardage
Players	

Front 9							
Holes	Par	Drive	Fairway	Putts	Hazard	Yardage	Strokes
1							
2							
3							
4							
5							
6							
7							
8							
9							
Total							
Back 9							
10							
11							
12							
13							
14							
15							
16							
17							
18							
Total							
Grand Total							

Albatross	Eagles	Birdies	Pars	Bogeys	Doubles	Triples

Notes

Date _____ Start time _____ End time _____

Course Name _____

Weather _____ Temp _____

Handicap _____ Par _____

Tees _____ Yardage _____

Players _____

Front 9							
Holes	Par	Drive	Fairway	Putts	Hazard	Yardage	Strokes
1							
2							
3							
4							
5							
6							
7							
8							
9							
Total							
Back 9							
10							
11							
12							
13							
14							
15							
16							
17							
18							
Total							
Grand Total							

Albatross	Eagles	Birdies	Pars	Bogeys	Doubles	Triples

Notes

Made in the USA
Middletown, DE
14 July 2022